Worte zum Geburtstag

Du bist ein Geschenk!

Worte zum Geburtstag

HERDER

FREIBURG · BASEL · WIEN

Inhalt

Du bist ein Geschenk!

Das Wesentliche wird dir geschenkt

Ein ganzes Leben voll Erfahrung

Aufbruch ins neue Lebensjahr

Was ich habe, gebe ich dir:
einen Platz in meinem Herzen.
Dazu alle Blumen,
die Gott blühen lässt,
und das Lied aller Vögel
am Himmel.

PHIL BOSMANS

*Du bist
ein Geschenk!*

Weißt du,
dass du ein Wunder bist?
Ein Wunder, das lebt,
das es wirklich gibt?
Du bist einmalig, einzigartig,
nicht zu verwechseln.
Weißt du das?

PHIL BOSMANS

Du hast ein weites Herz

Anselm Grün

Ich wünsche dir den Engel der Großmut. Er möge seine weiten Flügel über dich breiten und dich in Berührung bringen mit deiner eigenen Weite, mit dem großen Mut, den du in dir hast. Du hast ein weites Herz. Du hast in deinem Leben schon Großes erfahren. Lass dich vom Engel der Großmut immer wieder an deinen langen Atem, an deine Großzügigkeit, an dein weites und großes Herz erinnern. Du wirst dich anders erleben. Du wirst dich freuen können an deiner inneren Weite. Und du wirst sehen, wie die Menschen um dich herum gerne eintreten werden in deinen großen Mut, in dein weites Herz.

Jeder Mensch ist ein Geschenk

Adalbert Ludwig Balling

Geboren werden, Mensch sein dürfen und jedes Jahr zwölf Monate reifer werden: Das ist ein Geschenk. Geburtstage sind dazu da, für Vergangenes zu danken, am Gegenwärtigen sich zu freuen und für die Zukunft zu hoffen. Jeder Mensch ist ein Geschenk. Ohne ihn wäre die Welt ein Quentchen düsterer, eine Nuance trostloser, ein bisschen trauriger. Jeder Mensch ist ein Original, geschaffen nach dem Bilde Gottes. Jeden Menschen gibt's nur einmal, jeder hat einmalige Chancen. Ich wünsche alles Gute und Schöne. Ich bin froh und dankbar – denn ich bin froh, dass es dich gibt!

Dem Himmel nah

Margot Käßmann

Vielleicht kann die Sehnsucht nach dem Himmel ein wenig nachsichtiger machen gegenüber den Fehlern von uns Menschen.

Gott im Himmel weiß von Schuld und Versagen, und doch scheint die Sonne über Gerechte und Ungerechte.

Dem Himmel nah – das heißt vielleicht: langmütiger sein, mehr Geduld miteinander haben, ein bisschen himmlische Perspektive in die Mühen des Alltags hineinnehmen.

Wir sollten Glück zulassen jetzt und hier, dankbar sein für den Augenblick.

Geburtstagskuchen

Sybille Gräfin Schönfeldt

Bei uns wird noch heute der Geburtstagskuchen mit Kerzen geschmückt, für jedes Lebensjahr eine Kerze. Oft steht ein Lebenslicht in der Mitte, es sollte rot sein, rot ist die Farbe der Dämonenabwehr, und nur das Geburtstagskind darf sie ausblasen. Täte es ein anderer, so bliese er sein Leben aus. Hat das Geburtstagskind aber einen geheimen Wunsch, so muss es sich nur kräftig die Lungen füllen: Gelingt es ihm, alle Kerzen auf einmal auszublasen, so geht der Wunsch in Erfüllung.

Was der Geburtstag bedeutet

Henri Nouwen

An unserem Geburtstag können uns die Leute sagen: »Danke, dass du auf der Welt und bei uns bist!« Geburtstagsgeschenke sind Zeichen der Freude unserer Angehörigen und Freunde darüber, dass wir zu ihrem Leben gehören. Wir sollten unseren Geburtstag und die Geburtstage derer, die uns nahestehen, niemals vergessen.

Geburtstage erhalten uns ein Stück Kindsein. Sie erinnern uns an das, was wichtig ist und zählt: nicht, was wir tun und geleistet haben, was wir besitzen oder welche wichtigen Leute wir kennen, sondern dass wir sind, hier und jetzt; Grund genug, uns darüber zu freuen.

Gute Wünsche für dich

Rainer Haak

Gute Wünsche erreichen mich zu meinem Geburtstag. Ich staune manchmal, wie viel Mühe sich einige Freunde geben, um mit ihren Wünschen meine Situation und letztlich auch mein Herz zu treffen. Ich freue mich, wenn Menschen sich so in mich hineinversetzen, dass sie genau wissen, was mir gut tun würde, und dies in ihren Wünschen auf ihre Weise ausdrücken.

Manchmal geschieht es sogar, dass ich einen guten Wunsch lese und in Gedanken sage: »Ja, das wünsche ich mir auch!« Das Geschenk habe ich vielleicht schon bald vergessen, aber nicht den besonderen, persönlichen Wunsch.

Gesegnet sei dein Weg

Pierre Stutz

Gesegnet sei dein ureigener Weg
der dich an deine Einmaligkeit erinnert
die aufgehoben ist
im Wunder von Schöpfung und Kosmos
Gesegnet seien deine Beziehungen
die sich in diesem Jahr vertieft haben
in kreativer Lebensfreude
sowie im gemeinsamen Ringen
Gesegnet sei dein Dasein
zwischen Erde und Himmel
in staunender Dankbarkeit
über die erhellten Lebensnächte

Du Gott des Weges segne uns

Andrea Schwarz

sei du der Traum
der Sehnsucht zeugt
sei du die Kraft
die die Entscheidung trifft
sei du das Vertrauen, das sich stellt

segne den Aufbruch

behüte was ich zurücklasse
schütze das Neue das ich wage
begleite mich beim ersten Schritt

segne den Weg

gib meinen Füßen Halt
sei mir Grund
stärke Geist und Leib

segne das Ankommen
sei du mein Ziel
richte meine Schritte auf dich hin aus
schenk mir den Mut zur Heimkehr in dir

Du Gott des Weges segne uns
umgib uns mit deinem Segen
damit wir uns auf den Weg machen können
auf den Weg
zu dir und den Menschen

Ich wünsche dir Flügel

Adalbert Ludwig Balling

Ich wünsche dir Flügel für deine Wünsche, damit sie dich hineintragen ins Land deiner Träume und Sehnsüchte.

Ich wünsche dir, dass du dir stets des Segens deiner Mutter, deines Vaters bewusst bleibst – all derer, die dich bis hierher getragen haben.

Ich wünsche dir, dass du mit dem Herzen verstehen und annehmen kannst, dass Gott dich gewollt und ins Leben geliebt hat.

Ich wünsche dir und uns allen, dass wir in einer Welt leben dürfen, in der Friede und Versöhnung groß geschrieben werden.

Ich wünsche dir, dass du dir selbst und anderen deine Gaben und Talente nicht vorenthältst – aus falsch verstandener Demut oder unnötiger Schüchternheit.

Ich wünsche dir, dass du stets Mitmenschen begegnest, die dich mögen, die dich segnen, die dir Gutes wünschen.

Ich wünsche dir Flügel für deine Wünsche; sie mögen dich dorthin geleiten, wo alle Sehnsucht einmündet: in die Sehnsucht nach dem Einen, der größer ist als alles, was wir wünschen können.

Der Engel der Behaglichkeit

Christa Spilling-Nöker

Es gibt einen Engel der Behaglichkeit.
Er führt dich aus dem Zwang,
ständig etwas tun
oder leisten zu müssen, heraus
und befreit dich dazu,
dich endlich einmal
in die Gemütlichkeit
hineinfallen lassen zu dürfen.

Friede sei in deinem Herzen

Peter Rosegger

Ein bisschen mehr Friede und weniger Streit
Ein bisschen mehr Güte und weniger Neid
Ein bisschen mehr Liebe und weniger Hass
Ein bisschen mehr Wahrheit – das wäre was
Statt so viel Unrast ein bisschen mehr Ruh
Statt immer nur Ich ein bisschen mehr Du
In Trübsal und Dunkel ein bisschen mehr
  Licht
Kein quälend Verlangen, ein bisschen Verzicht
Und viel mehr Blumen, solange es geht
Nicht erst an Gräbern – da blühn sie zu spät
Ziel sei der Friede des Herzens
Besseres weiß ich nicht

Das Wesentliche wird dir geschenkt

Dankbarkeit ist
das Gedächtnis
des Herzens.

JEAN BAPTISTE MASSILLON

Verliebt ins Leben

Rainer Haak

Manchmal bin ich ganz oben, unbesiegbar, erfolgreich, stolz auf das, was ich erreicht habe, was ich bin und weiß. Manchmal bin ich ganz unten, bedrückt von der Schuld, enttäuscht von meinen Mitmenschen, verunsichert durch eigene Fehler und Irrtümer, mutlos und ohne Vertrauen in meine Möglichkeiten. Ich würde mich nicht mögen, wenn ich nur oben oder nur unten wäre. Beides ist nur erträglich zusammen mit dem anderen. Beides hat mich geprägt und zeigt mir, wie ich bin: stark und schwach, hart und sensibel und immer wieder verliebt ins Leben.

Erinnern, staunen, danken

Anselm Grün

Wer dankbar auf sein Leben blickt, der wird einverstanden sein mit dem, was ihm widerfahren ist. Er hört auf, gegen sich und sein Schicksal zu rebellieren. Er wird erkennen, dass täglich neu ein Engel in sein Leben tritt, um ihn vor Unheil zu schützen und ihm seine liebende und heilende Nähe zu vermitteln. Versuche es, mit dem Engel der Dankbarkeit durch den kommenden Monat zu gehen. Du wirst sehen. Wie du alles in einem anderen Licht erkennst, wie dein Leben einen neuen Geschmack bekommt.

Für welche Gaben bist du dankbar? Was sind die angeborenen Vorzüge, für die du Gott danken darfst? Und wo hast du dir durch viel Mühe etwas erworben, auf das du stolz sein kannst?

Sei dankbar für alles, was Gott dir geschenkt hat, für deine Eltern, für deine Begabungen und Fähigkeiten, für das, was dir im Leben geglückt ist. Wenn du dankbar bist, rühmst du dich nicht. Du gibst den Dank an Gott weiter.

Am allermeisten aber sollst du dafür danken, dass Gott dir in Jesus Christus seine bedingungslose Liebe geschenkt hat. Du bist bedingungslos angenommen, ohne Vorleistung, ohne dass du Gott etwas vorweisen müsstest.

Wer sich erinnert, kann auch hoffen

Joseph Ratzinger/Benedikt XVI.

Der englische Schriftsteller *Charles Dickens* erzählt die Geschichte von einem Mann, der das Gedächtnis des Herzens verlor. Das will sagen: Die ganze Kette von Gefühlen und Gedanken, die ihm in der Begegnung mit menschlichem Leid zugewachsen war, wird ihm genommen. Dieses Erlöschen des Erinnerns der Liebe wird ihm als Befreiung von der Last des Vergangenen angeboten, aber alsbald zeigt sich, dass damit der ganze Mensch verändert ist: Die Begegnung mit dem Leid weckt keine Erinnerungen der Güte mehr in ihm. Mit dem Versiegen der Erinnerung ist zugleich der Quell der Güte in diesem Menschen entschwunden … Den gleichen Gedanken lässt *Goethe* anklingen in seiner Erzählung von der ersten Feier des Rochusfestes zu Bingen, die nach der langen Unterbrechung der napoleonischen Kriege wieder stattfinden konnte. Er beobachtet, wie die Menschen im dichten Gedränge sich durch die Kirche schieben lassen, vorbei am Bild des Heiligen, und er schaut dabei auf ihre Gesichter: Die der Kinder wie die der Erwachsenen leuchten; sie spiegeln die Freude des festlichen Tages. Nur bei den jungen Menschen war das anders, so berichtet Goethe. Sie gingen ungerührt, gleichgültig, gelangweilt vorbei. Seine Erklärung ist aufschlussreich: In böser Zeit geboren, hatten diese jungen Menschen nichts Gutes zu erinnern und deshalb auch nichts zu hoffen. Das will sagen: Nur wer sich erinnern kann, kann auch hoffen.

Vor dem Anfang und über das Ende hinaus

Rainer Haak

Ich bin davon überzeugt, dass ich das Leben nicht allein meinen Eltern verdanke. Ich glaube, da ist einer, der größer ist als wir alle und der mich unbedingt in dieser Welt haben wollte. Ich glaube, er dachte schon an mich, als meine Eltern noch gar nicht lebten. Und an meine Eltern dachte er auch.

Ich nenne ihn Gott, so wie es die Menschen auch früher schon getan haben. Ich will ihn damit nicht einengen oder in einer Schublade ablegen. Ich nenne ihn so und denke dabei an das Leben und die Liebe.

Es liegt jetzt schon etliche Jahre zurück, dass er mir das Leben geschenkt hat. Und manchmal zwischendurch habe ich an ihn gedacht und habe danke gesagt. Etwas von seiner Liebe und seinem Leben, so glaube ich, liebt und lebt auch in mir.

Ich stelle ihn mir »unendlich« vor. Unendlich viel Leben und unendlich viel Liebe. Deshalb mache ich mir auch nicht zu viele Gedanken über den Tod und das Sterben. Er wird mir seine Liebe nicht entziehen.

Die Kunst des Lebens

Henri Nouwen

Es ist leicht, für das Gute, das wir in unserem Leben erhalten, dankbar zu sein. Aber für alles – für Gutes wie Schlechtes, für die Augenblicke er Freude wie für die Zeiten des Leids, für Erfolge wie für Fehlschläge, für Lob wie für Tadel – dankbar zu sein, verlangt ein intensives geistliches Bemühen.

Dennoch werden wir nur dann wahrhaft dankbare Menschen sein, wenn wir für alles danken können, was uns den gegenwärtigen Augenblick erleben ließ. Solange wir in unserem Leben zwischen solchen Ereignissen und Menschen unterscheiden, an die wir uns mit Freude erinnern, und solchen, an die wir nicht gern erinnert werden möchten, können wir den Reichtum unseres Daseins als ein Geschenk Gottes, für das wir dankbar sein dürfen, uns nicht zunutze machen.

Fürchten wir uns nicht, auf alles zu sehen, was uns bis zu dem Punkt unseres Lebens führte, an dem wir heute stehen, und vertrauen wir darauf, dass in allem die lenkende Hand eines liebenden Gottes mitgewirkt hat.

Die Kunst des Lebens zeigt sich darin, dankbar zu sein und sich darüber zu freuen, was wir sehen können, und nicht darüber zu klagen, was im Dunkeln und Ungewissen liegt. Wenn es uns gelingt, den nächsten Schritt zu tun und darauf zu vertrauen, dass es auch hell genug für den folgenden Schritt sein wird, werden wir auf dem Weg durch das Leben mit Freude voranschreiten und überrascht sein, wie weit wir kommen.

Die Chancen ergreifen

Sascha Veitl

In der chinesischen Wortschrift bestehen die Wörter »Krise« und »Chance« jeweils aus zwei Schriftzeichen. Eines davon ist gleich, ist also sowohl im Wort »Krise« als auch im Wort »Chance« enthalten. … Manchmal bieten Chancen uns Möglichkeiten, Gutes und Schönes zu erhalten und anzunehmen. In anderen Fällen geht es darum, Unangenehmes und Belastendes loszuwerden und endlich hinter uns zu lassen. Dazu haben wir in Zeiten der Krise und Verwirrung Gelegenheit. In solchen Zeiten sind wir nämlich besonders empfindsam und finden leichter Zugang zu den verschiedenen Anteilen unseres Seins. Da spüren wir genau, was uns belastet, wovon wir uns endlich verabschieden möchten. Da spüren wir, was uns gut tut oder gut tun würde, was wir wirklich brauchen und ersehen. In Zeiten der Krise fällt eine gewisse Bestandsaufnahme leichter. Sie hilft uns, unseren weiteren, besseren, glücklicheren Weg anzusteuern und zu planen ... Chancen annehmen heißt immer auch: Veränderung annehmen, bei uns selbst, für unsere Beziehungen, in unserem Leben. Chancen gut und gerne anzunehmen fällt leichter, wenn sich mit den Chancen für uns auch gleichzeitig für unsere Umwelt Chancen ergeben. Mit anderen Worten: Was für mich gut ist, ist noch besser, wenn es auch für andere gut ist. Natürlich auch umgekehrt: Was für andere gut ist, ist noch besser, wenn es auch für mich gut ist.

Tja
da werd ich also auf einmal
50

Andrea Schwarz

tja
da werd ich also auf einmal
50

und ich schaue zurück
und bin unendlich dankbar
weil es so verrückt
schön war

und das Tollste daran ist
dass ich nach vorne schaue

und darum ahne,
dass es verrückt schön bleibt

weil ich gewiss bin:

Er
ist bei uns
alle Tage
bis ans Ende der Welt

mit Gott gehen
das ist die Garantie
für Leben in Fülle

zugesagt

Das Gedächtnis des Herzens

Phil Bosmans

Es gibt ein Gedächtnis, das mit dem Kopf zusammenhängt. Der eine behält leichter, der andere vergisst schneller. Es gibt ein Gedächtnis, das viel tiefere Wurzeln hat. Sie reichen ins Herz. Menschen waren gut zu mir. Sie sorgten für mich, als ich klein war. Sie begleiteten mich, als ich größer wurde. Sie machten mir Mut, als es mir schlecht ging. Sie halfen mir, als ich in Not war. Mein Herz vergisst das nicht. Das Gedächtnis des Herzens heißt Dankbarkeit. Danken heißt sich daran erinnern, was andere für dich taten. Danken heißt wahrnehmen …

Geburtstagsgebet

Albert Dexelmann

Gott meines Lebens, der Geburtstag hat sein eigenes Gefühlsgemisch.

Du kennst mein Herz. Und über Jahre hinweg ist mir diese Bekanntschaft lieb geworden. Wir machen einander nichts vor.

Du entfaltest mein Gespür für die Segensspur, die sich durch mein Leben zieht.

Die Kindergeburtstage fallen mir ein. Die Freude der Gratulanten. Die Überraschungen der Lieben. Oh, da gab es Zeiten, wo deine Freude an uns Menschen mitklang!

Es gab auch vergessene Geburtstage und solche, an denen mir nicht Feiern zumute war.

Die langen Lebenslinien mit ihrem Auf und Ab zittern in meinem Herzen nach.

Wandel und Beständigkeit. Wie du dich versteckt hast in manchen Lebenszeiten!

Wie Träume zerplatzt sind, wie du mich andere Wege geführt hast, als ich es wollte! Ja, im Rückblick lerne ich dein Geleit noch besser schätzen.

Mit den Jahren schmerzen auch die Lücken, die die Lieben hinterlassen haben, die heute nicht mehr dabei sind. Ob es eine Gratulation über die Todesgrenze hinweg gibt? Deiner Liebe will ich sie anvertrauen.

Wie siehst du mein Leben? Das Gelungene und das Gescheiterte? Mir ist die endgültige Deutung noch verborgen. Gut, dass ich vor dir mehr bin als die Summe meiner Leistungen. Gut, dass du in all den Alltagen mitgegangen bist, als das Leben grau und eintönig wurde. Gut, dass du dich anbietest als Sorgenträger und Entlaster.

Man wünscht mir vieles an diesem Tag. Und meine Wünsche – du kennst sie. Aber es ist nicht der Tag des Bettelns und Sorgens, sondern eine Zeit der Freude. Schenke mir die Gnade der schlichten, hellen Freude.

Und die Zukunft? Zaghaft nur wagt sich mein Herz dahin vor. Hilf mir, den Blick auf die Zukunft freizuräumen.

Ich schaue dich an darin. Lass es gut werden. Wer weiß, was die Leute aufbieten, um mir den Geburtstag hell und schmuck zu machen.

Nun, etwas davon will ich dir heute weitergeben. Tiefer Dank und herzliches Lob klingen darin mit.

Ein ganzes Leben voll Erfahrung

Einsicht
gab Gott
den Menschen.

WEISHEIT DER BIBEL

Mein Tagebuch

Joachim Wanke

Ich habe ein Tagebuch, in das ich mir das eine oder andere Ereignis eintrage, Geschehnisse aus der großen Welt der Politik, der Gesellschaft, aber auch ganz persönliche Dinge, Begegnungen, Erfahrungen. … Im nachträglichen Betrachten erhalten diese Dinge oftmals eine veränderte Bedeutung. Sie sind gleichsam in ein anderes Licht getaucht, vermutlich deswegen, weil eben all das, was sich weiter in meinem Leben und im Leben der Welt abspielte, sich über das Damals lagert und es neu, manchmal vertiefter verstehen lässt. Ich muss sagen, das sind Augenblicke, wo ich leicht ins Gebet kommen kann.

Du ergründest mein Herz

Huub Oosterhuis

Du
Du ergründest mein Herz, du erforschst mich.
Du weißt um mein Gehen und Stehen.
Du kennst, was ich denke, von ferne,
mein Reisen und Wandern mein Ruhen.
All meine Wege sind dir bekannt –
jedes Wort, das mir kommt auf die Lippen,
unausgesprochen noch, du hörst es schon.

Hinter mir bist du und mir voran.
Du legst deine Hände auf mich. –
Das ist es, was ich nicht begreifen kann,
nicht denken kann, das ist zu hoch für mich
...
Deine Schöpfung bin ich mit Herz und
Nieren,

du hast mich gewebt im Schoß meiner Mutter.
Ich will dir danken dafür,
dass du mich so herrlich gemacht hast.
Meine Seele und Glieder sind dir bekannt.
In mir war nichts deinen Augen verborgen,
als ich geformt wurde tief im Geheimen,
prächtig gewirkt im Schoß der Erde.

Ich war noch ungeboren,
du hattest mich schon gesehen,
all meine Lebenstage standen in deinem
Buch,
bevor auch nur einer durch dich war
geschaffen.
Ergründe mein Herz, nun erforsche mich,
Ewiger,
prüfe meine geheimen Gedanken.
Mein Weg führt doch nicht in die Irre?
Führe mich fort auf dem Weg meiner Väter.

Wo wir zu Hause sind

Phil Bosmans

Jeder Mensch, der auf die Welt kommt,
sucht sein Leben lang Geborgenheit,
Menschen, die ihn aufnehmen,
bei denen er Wärme findet und Halt.
Wo fühlen wir uns zu Hause?
Wo wir Wärme finden und Verständnis,
wo Vertrauen zueinander herrscht,
wo man miteinander leben kann.
Ein Zuhause finden wir nur bei Menschen,
die uns ins Herz geschlossen haben.

Über sich selbst lachen können

Ulrich Schaffer

Leicht zu sein und das Leben leicht nehmen zu können ist eine besondere Gabe: die Fähigkeit, über sich selbst und das Leben zu lachen. Wer sein persönliches Leid als relativ betrachten kann, der weiß, dass er sich selbst nicht zu wichtig zu nehmen braucht und es deshalb leichter hat. Doch darin kann man auch übers Ziel hinausschießen, wenn man meint, da alles relativ sei, brauche man nichts ernst zu nehmen. So seltsam das auch klingen mag: Die Leichtigkeit auf einer tieferen Ebene muss manchmal schwer erkämpft werden. Sie fällt niemandem zu.

Geburtstag – Einsichten

Geburtstag ist das Echo der Zeit.
Evelyn Arthur St. John Waugh

Wir bekommen mit unserer Geburt das Leben geschenkt. Doch viele von uns haben noch nicht einmal das Geschenkpapier abgemacht.
Leo Buscaglia

Der Mensch wird geboren, um zu leben und nicht etwa, um sich auf das Leben vorzubereiten.
Boris Pasternak

Heute schon gelebt?

Andrea Schwarz

Gott schenkt mir mein Leben – aber ich bin mir und Gott verantwortlich dafür, was ich aus meinem Leben mache. Ich stelle mir das manchmal sehr plastisch vor … Gott stellt mir einen unvorstellbar großen Korb mit Wolle hin, alle Farben, alle Sorten, Nadeln in jeder Größe – das Dumme ist, stricken muss ich ganz alleine. Ich muss Masche an Masche setzen, manche rutschen leicht, andere fallen herunter, manche finde ich überhaupt nicht wieder: Ich kombiniere Farbe und Muster. Aber dass ich überhaupt stricken kann, dass ich die Materialien dazu habe, das ist ein Geschenk.

Mein Leben ist ein Geschenk – was ich daraus mache, liegt an mir. Dabei bekommt jeder von uns solch einen Korb voll Wolle, aber keiner besitzt die ganze Auswahl. Der eine hat keine rote Farbe, dem anderen fehlt das dicke Garn, mit dem er so herrlich vorankommt. Aber jeder hat seinen Korb mit Wolle – und der ist voll, übervoll. Ich kann davon, von diesem Korb mit Wolle, sogar anderen abgeben – mein Leben mit anderen teilen. Für eine solche Art zu leben aber muss ich mich entscheiden. Sie ist sicher anstrengender, als sich leben zu lassen, mitzuschwimmen im Strom. Aber ich denke, sie ist auch um vieles reicher, voller, dichter. Wert – gelebt zu werden … von mir gelebt zu werden.

Haben Sie heute schon gelebt?

Masche für Masche
strick ich mir
mein Leben zurecht

Dunkles wechselt
mit Hellem
dünner
brüchiger Faden
mit dicker
fester Wolle

seltsame, einzigartige
Muster entstehen
manchmal auch hübsche

so ist
mein Leben

Wenn Gott uns die Zeit schenkt

Dietrich Bonhoeffer

Aus einem Brief von Dietrich Bonhoeffer aus der Haft an seine Braut Maria von Wedemeyer:

… ich weiß, wo Du jetzt auch sein magst, Du wartest jeden Tag und jede Stunde mit mir. Es wird allmählich ein Warten, dessen äußeren Sinn ich nicht begreife; den inneren Sinn muß man täglich neu finden. Es ist uns beiden durch die vergangenen Monate unendlich viel genommen worden; Zeit ist heute das kostbarste Gut; denn wer weiß, wie viel Zeit ihm noch geschenkt ist. Und doch weigere ich mich zu denken, daß es verlorene Zeit war und ist, in der wir getrennt sind, weder für jeden einzelnen von uns noch für uns beide zusammen. Wir sind in anderer Weise zusammengewachsen als wir es wohl gedacht und gewünscht haben, aber es sind auch andere Zeiten und werden wohl noch lange solche Zeiten bleiben, in denen alles darauf ankommt, daß man im Letzten eins ist und zueinander steht … Nach einem leichten Leben hatten wir imgrunde beide kein Verlangen, so sehr wir uns gewiß beide an den schönen und frohen Stunden des Lebens freuen können und heute wohl auch eine große Sehnsucht nach solchen Stunden haben. Aber das Glück liegt, glaube ich, für uns beide an einer anderen, verborgeneren Stelle, die manchem unverständlich ist und bleiben wird. Imgrunde suchen wir beide Aufgaben, bisher jeder für sich, von nun an aber gemeinsame Aufgaben. In denen werden wir erst ganz zusammenwachsen – wenn Gott uns die Zeit dazu schenkt. –

Die Herausforderung leben

Anselm Grün

Ein böser Mann ärgerte sich über eine schöne junge Palme. Um ihr zu schaden, legte er ihr einen großen Stein in die Krone.

Doch als er nach Jahren vorbeikommt, ist die Palme größer und schöner geworden als alle anderen ringsum.

Der Stein zwang sie, ihre Wurzeln tiefer in die Erde zu graben. Und so konnte sie auch höher emporwachsen.

Was verkauft der liebe Gott als Einzelhändler?

Anthony de Mello

Eine Frau träumte, sie beträte einen Laden am Markt, und zu ihrem Erstaunen stand Gott hinter dem Ladentisch. »Was verkaufst du hier?«, fragte sie. »Alles, was dein Herz begehrt«, sagte Gott.

»Ich möchte Frieden für meine Seele und Liebe und Glück, und weise möchte ich sein und nie mehr Angst haben«, sagte sie. Nach kurzem Nachdenken fügte sie hinzu: »Nicht nur für mich allein, sondern für alle Menschen auf der Erde.«

Gott lächelte: »Ich glaube, du hast mich falsch verstanden, meine Liebe«, sagte er, »wir verkaufen hier keine Früchte, nur Samen.«

Nutze den heutigen Tag

Christa Spilling-Nöker

Ich möchte dich einladen, dich bequem auf einen Stuhl oder in einen Sessel zu setzen. Atme die Last des vergangenen Tages aus und entspanne dich. Wenn dir Musik dabei hilft, dann lege eine deiner Lieblingsstücke auf und zünde dir eine Kerze an. Wenn du dich nach einiger Zeit so richtig wohl in dir selbst fühlst, dann lege ein weißes Blatt Papier vor dich hin, dazu einen Stift und schreibe als Überschrift: »Was ich unbedingt tun würde, wenn ich nur noch kurze Zeit zu leben hätte«. Schließe deine Augen und lass zu dieser Frage deine Fantasien, Wünsche, Sehnsüchte und Gedanken kommen.

Schreibe dann auf, was dir einfällt. Überlege im Anschluss daran, was dir das Wichtigste davon ist. Und das tue. Möchtest du dich mit jemandem aussprechen und versöhnen, mit dem du in Streit bist, oder einem Menschen sagen, wie wichtig er für dich war oder ist, dann schreibe ihm einen Brief. Oder rufe ihn an. Heute noch.

Träumst du von einer großen Reise, die du schon so lange aufgeschoben hast, dann beginne, sie zu planen, für sie zu sparen, alles in die Wege zu leiten, was dich der Verwirklichung deines Wunsches ein Stück näher bringt. Heute noch. …

Irgendwann einmal neigt sich das Leben dem Ende zu. Deshalb nutze den heutigen Tag, dein Leben zu bedenken, deine Sehnsüchte wahrzunehmen, zu spüren, was jetzt im Augenblick bedacht, getan, verändert werden will.

In jedem Augenblick leben

Anselm Grün

Jeder Tag kann der letzte sein. Lass mich heute so leben, als ob es der letzte wäre, in Freiheit und Dankbarkeit, mit offenem Gespür für das Geheimnis in jedem Menschen, dem ich begegne, für die Schönheit der Schöpfung, für die Chance, die in jedem Augenblick liegt.

Gib mir ein dankbares Herz, damit ich jede Minute dieses Tages dankbar durchlebe im Bewusstsein, dass jede Zeit geschenkte Zeit ist, Zeit, in der deine Ewigkeit einbricht in meine endliche Zeit.

Bilanz

Friedrich Rückert

Mit vierzig Jahren ist der Berg erstiegen,
Wir stehen still und schaun zurück;
Dort sehen wir der Kindheit stilles liegen
Und dort der Jugend lautes Glück.
Noch einmal schau, und dann gekräftigt
weiter
Erhebe deinen Wanderstab!
Hindehnt ein Bergesrücken sich, ein breiter,
Und hier nicht, drüben geht's hinab.
Nicht atmend aufwärts brauchst du mehr
zu steigen,
Die Ebene zieht von selbst dich fort;
Dann wird sie sich mit dir unmerklich
neigen,
Und eh' du's denkst, bist du im Port.

Aufbruch in ein neues Lebensjahr

Im Grunde ist jede Zeit,
die uns geschenkt wird,
ein Gnadenjahr:
Solange wir atmen,
dürfen wir hoffen!

JOACHIM WANKE

Die Uhr deines Lebens

Thomas Romanus

Du schaust auf die Uhr deines Lebens, sie zeigt dir nie dieselbe Zeit an, aber immer die Gegenwart. Für dein neues Lebensjahr wünsche ich dir die Gabe, gut mit deiner Zeit umzugehen. Jede Stunde kannst du in Leben verwandeln, betrachtest du sie als Geschenk. Wie spät es für dich wirklich ist, entzieht sich deiner Kenntnis. Du vermagst nicht zu bestimmen, wie lange du lebst, aber wie tief. Verstehst du einen Tag auf deine Weise zu gestalten, wird dir vieles gelingen. Bereits ein Augenblick lässt dich dein Dasein intensiver wahrnehmen …

Begleitet durchs neue Lebensjahr

Anselm Grün

Die Engel möchten in uns etwas hervorrufen, was wir im Getriebe des Alltags vergessen oder vernachlässigen. Es ist ein schönes Bild, sich vorzustellen, dass mich in diesem Jahr der Engel der Treue begleitet oder der Engel der Zärtlichkeit, dass Gott einen Engel zu mir schickt, der mich einweist in das Geheimnis der Treue oder der Zärtlichkeit.

Engel sind Begleiter für unseren Lebensweg, Boten der Hoffnung, dass wir nicht ziellos leben, dass wir ankommen können beim Ziel unseres Lebens.

Goethes Rat

Johann Wolfgang von Goethe

Willst du dir ein hübsch Leben zimmern,
Musst dich ums Vergangne nicht bekümmern,
Das Wenigste muss dich verdrießen;
Musst stets die Gegenwart genießen,
Besonders keinen Menschen hassen
Und die Zukunft Gott überlassen.

Voller Lebenslust

Pierre Stutz

Im amerikanischen Kultfilm »Harald und Maude« begegnen wir einer 80-jährigen Frau mit ihrer vollen Lebensfreude.

Liebe Maude, deine Weisheit des Alters wünsche ich mir. Mit achtzig Jahren bist du noch so jung und voller Lebenslust. Du spürst, dass du nichts mehr zu verlieren hast. Darum erlaubst du dir unerlaubte Sachen, die so sinnvoll sind. Dein Mitgefühl mit einem absterbenden Baum in einer städtischen Einkaufsstraße führt dich zum Handeln. Du bringst ihn zurück in den Wald, wo er hingehört. Unerhört! Wo kämen wir hin, wenn alle das tun würden? Sehr weit – unsere Welt würde farbiger, menschlicher. Du schließt Freundschaft mit dem achtzehnjährigen Harald, der sich materiell alles leisten kann und dem das Leben völlig sinnlos erscheint. Ihn lässt du entdecken, wie spannend das Leben sein kann. Du wohnst in einem alten Eisenbahnwagen, in dem du vieles gesammelt hast, was andere wegwerfen. Du gehst mit einem gelben Regenschirm zu Beerdigungen, um an den großen Lebenskreis zu erinnern, der auch vom Tod nicht unterbrochen werden kann. Kaum sichtbar ist deine KZ-Nummer, die in deinem Arm eingebrannt wurde. Diese Widerwärtigkeit ließ dich zur Friedensaktivistin werden. Niemand soll mehr so leiden. Zugleich lädst du ein zum Tanz des Lebens, wie dies auch die Mystikerin Mechthild von Magdeburg in ihrem Gebet tat: »Ich tanze, wenn Du mich führst.«

Nimm dir Zeit für deine Seele

Nach irischen Segenssprüchen

Nimm dir Zeit zum Arbeiten,
dies ist der Preis des Erfolges.
Nimm dir Zeit zum Denken,
dies ist die Quelle der Kraft.
Nimm dir Zeit zum Spielen,
dies ist die Quelle ewiger Jugend.
Nimm dir Zeit zum Lieben und Geliebtwerden,
dies ist das Privileg der Himmlischen.
Nimm dir Zeit zum Lachen,
dies ist die Musik der Seele.
Nimm dir Zeit für deine Seele,
dies ist das Geheimnis des Lebens.

Ein guter Vorsatz

Margot Käßmann

Das wäre ein Vorsatz fürs neue Jahr:
Ich breche aus
aus dem Teufelskreis des schönen Scheins
und trete ein in den Lebenskreis,
indem ich mich annehme, wie ich bin,
meine Möglichkeiten,
aber auch meine Grenzen erkenne.
Indem ich Wert lege auf Zeit für mich,
Zeit für andere, Zeit für Gott.
Aus der Lebenswüste von Stress und Fassade
in die blühende Landschaft
von Gelassenheit und Liebe.

Lebensfragen

Anselm Grün

Was möchtest du
hinter dir lassen und begraben?
Was schleppst du
mit dir herum?
Was hindert dich,
auf deinem Weg weiterzulaufen?
Wonach möchtest du
dich ausstrecken?
Was würdest du
als Ziel deines Lebens bezeichnen?

Im Augenblick

Henri Nouwen

Optimistisch sein und Hoffnung haben sind zwei völlig verschiedene Haltungen. Optimismus ist die Erwartung, dass alles – das Wetter, menschliche Beziehungen, die wirtschaftliche Lage, die politischen Verhältnisse und so fort – sich bessern wird. Hoffnung dagegen ist das Vertrauen, dass Gott seine Verheißungen an uns erfüllen wird in einer Weise, die uns zu wahrer Freiheit führt. … Der hoffende Mensch lebt im Augenblick und in dem Bewusstsein, dass unser ganzes Lebens in Gottes Händen liegt.

Der Gottesbelästiger

Anthony de Mello

Ein Schüler kam auf seinem Kamel zu dem Zelt seines Sufi-Meisters geritten. Er stieg ab und ging direkt in das Zelt hinein, verneigte sich tief und sagte: »Mein Vertrauen in Gott ist so groß, dass ich mein Kamel draußen nicht angebunden habe, weil ich überzeugt bin, Gott wird die Interessen derer, die ihn lieben, schützen.

»Geh und binde dein Kamel an, du Narr«, sagte der Meister.

»Man soll Gott nicht mit Dingen belästigen, die man selbst erledigen kann.«

Verbotenes Glück

Rainer Haak

Als Kind habe ich gelernt, immer brav und folgsam zu sein. Das hat mich tief geprägt, und es ist mir heute noch wichtig, gewisse Regeln zu befolgen. Doch manchmal begehre ich gegen die vielen Regeln und Vorschriften auf. Manchmal ignoriere ich das kleine rote Männchen, wenn weit und breit kein Auto zu sehen ist. Ich ignoriere das Schild »Zutritt verboten« vor dem Eingang des Veranstaltungszentrums und schlendere zum Empfang für Prominente. Ich benutze die Kundentoilette, obwohl ich kein Kunde bin, und manchmal singe ich nachts auf der Straße, obwohl das bestimmt verboten ist.

Von Tag zu Tag

Antje Sabine Naegeli

Das Leben täglich im Bewusstsein seiner Endlichkeit leben heißt nicht: sich das Herz beschweren, sondern den Wert jedes Augenblickes erkennen und ergreifen.

Von Tag zu Tag
ist mein Leben erfüllt
von deinem Anruf an mich.
Lass mich hellhörig werden
für deine Stimme,
dass sie nicht untergehe
im Lärm des Nichtigen.
Das Vernommene
und dennoch Niegehörte
lass mir zu Ohren dringen.

Ein waches Herz gib mir,
das Ewiges
im Zeitlichen gewahrt.
Was du mir dartust, Gott,
behüte es in mir.
Nicht lass es anheim fallen
der Vergessenheit,
sondern heranreifen
zur Antwort,
die ich dir gebe
mit meinem Tun und Lassen,
mit meinem ganzen Sein.

Halte deine Zeit in Balance

Peter Dyckhoff

Denke daran, wie kostbar deine Zeit ist und dass die verlorene Zeit nie wiederkommt. Bleibe im gesunden und Mitte bildenden Rhythmus von Ruhe und Aktivität, damit dein Leben hier und jetzt wie auch später gelingt.

Behandelst du dein Leben sowohl zur einen als auch zur anderen Seite nachlässig, schleicht sich Unbehagen ein, und du wirst es schlecht haben. Nimmst du aber immer wieder die tiefe Ruhe in dich auf und engagierst dich andererseits in dem, was deine Aufgabe ist, wirst du Frieden und Erfüllung ernten.

Was die Sanduhr lehrt

Franz Kamphaus

Auf dem Regal in meinem Arbeitszimmer steht eine Sanduhr. Von Zeit zu Zeit hole ich sie näher auf den Schreibtisch. Es ist heilsam, sie anzuschauen. Frühere Generationen haben mit der Sanduhr die Zeit gemessen. Heute haben wir Quarzuhren. Bis auf die Sekunde genau geben sie die Zeit an. … Nach modernem Empfinden ist die Zeit denn auch ein gleichbleibendes Kontinuum: Es geht immer so weiter. Aber wir machen doch auch ganz andere Erfahrungen: Ein Tag geht zu Ende, ein Jahr, ein Jahrtausend, unser Leben. … Das Beste, was wir mit der Zeit machen können? Wir können sie verschenken.

Die Kraft wächst mit dem Weg

Andrea Schwarz

wenn du
Gott vertraust
seiner Zusage
glaubst
den nächsten Schritt
wagst

ohne zu ahnen
wohin der Weg führt
ohne zu wissen
wie das Ziel heißt
nur von Hoffnung
und Sehnsucht getrieben

dann wirst du
achtsam bleiben
wach mit allen Sinnen
suchen und sein
dankbar für Zeichen und Worte
und staunen darüber

wie sich
Schritt für Schritt
ein Weg ergibt
sich das Ahnen verdichtet
der Boden trägt
und zum Quellgrund wird

Man lebt nur mit dem Herzen gut

Phil Bosmans

Jeder möchte gut leben. Aber was heißt: gut leben? Weit verbreitet ist die Vorstellung: viel verdienen, viel Erfolg und Spaß haben, aber auf jeden Fall Gesundheit und möglichst wenig Ärger und Sorgen. Ist dann alles schon gut? Werden wir damit allein schon wirklich glücklich?

Was unser Leben im Grunde gut macht, liegt viel näher, als wir oft meinen: in uns selbst. Es liegt in jenem Grund unseres Wesens, in dem unser Denken und Fühlen und unser ganzes Liebesverlangen wurzelt: im Herzen. Unser Herz verlangt nach einem Du, das zu ihm sagt. »Wie gut, dass du da bist!«

Und unser Herz drängt danach zu antworten: »Wie gut, dass es dich gibt!« Nur mit solcher Zustimmung im Herzen lässt sich gut leben. Zustimmung zum Leben, auch wenn es schwer wird, Zustimmung zum Leben anderer Menschen, auch derer, die es uns nicht leicht machen, auch das meint das kleine Wörtchen »Liebe«. Nur so geht es uns gut. Nur mit den Augen des Herzens sehen wir gut. Nur aus der Kraft der Liebe leben wir gut.

Ich wünsche dir,
dass du wenigstens einen Menschen hast,
bei dem du Geborgenheit findest.
Ich wünsche dir,
dass du wenigstens ein paar Menschen
mit deiner Freundschaft glücklich machst.

Übergang

Ulrike Wolitz

Noch einen Sommer schenk mir Zeit / Ich will mich hinabwurzeln / ins dunkle Erdbett / vom tiefen Brunnen / zu trinken

Noch einen Sommer schenk mir Zeit / Ich will das Licht sehnen / und aufragen / bis die Betondecke / springt

Noch einen Sommer hab Geduld / ein wenig noch / Ich werd mich Dir / von meinen Zweigen weg / in Deine goldne Schale / pflücken

So segne mich denn.

Segen schenkt Gelassenheit

Franz Kamphaus

Segen heißt: Ich empfange, was ich nicht erarbeitet habe. Ich muss mich nicht mit mir und meiner Leistung begnügen. Ich darf mehr erhoffen. Das schenkt Gelassenheit. Das nimmt mir den Druck und Krampf, mich selbst durch meine Leistung rechtfertigen zu müssen. Gesegnet sein heißt, aus der schöpferischen Kraft Gottes leben und diese Kraft wirksam werden lassen.

Zusage

Anselm Grün

Gott ist bei dir und mit dir.
Dein Leben wird gelingen,
auch wenn du dich manchmal
gescheitert fühlst.
Es wird vielleicht anders gelingen,
als du dir vorstellst.
Aber Gott wirkt in dir das Heil.
Er macht dich heil und ganz.
Gott lässt dein Leben gelingen.

Quellenverzeichnis

Wo nicht anders angegeben, sind die folgenden Schriften alle erschienen im Verlag Herder, Freiburg im Breisgau.

S. 9: Phil Bosmans, Mit allen guten Wünschen. Grußbotschaften für jeden Anlass, ^{2}2005, 25.

S. 12: Phil Bosmans, Vergiss die Freude nicht, 2003, 10.

S. 13: Anselm Grün, Das kleine Buch der Engel. Wünsche, die von Herzen kommen, 2004, 145.

S. 14: Adalbert Ludwig Balling, Alle guten Wünsche, ^{18}1995.

S. 15: Margot Käßmann, Kleines Lob der Ewigkeit, in Margot Käßmann / Joachim Wanke (Hg.), Erfüllt ist die Zeit. Das Markusevangelium als Jahresbegleiter, 2005, 26.

S. 16: Sybille Gräfin Schönfeldt, Viel Glück, 1992, 28.

S. 17: Henri J.M. Nouwen, Leben hier und jetzt, 2005, 56.

S. 18: Rainer Haak, Gute Wünsche zum Geburtstag, 2003, 2.

S. 19: Pierre Stutz, Der Stimme des Herzens folgen. Jahreslesebuch, 2005, 392.

S. 20: Andrea Schwarz, Und jeden Tag mehr leben. Jahreslesebuch, Neuausgabe, ^{2}2008, 49.

S. 22: Adalbert Ludwig Balling, Das kleine Sonntagsbuch. 52 Wünsche für ein gutes Jahr, 2006, 153–155.

S. 24: Christa Spilling-Nöker, Engel an deinem Weg, 2004.

S. 25: Peter Rosegger (1843–1918), österreichischer Heimatdichter.

S. 28: Jean-Baptiste Massillon (1663–1742), französischer Hofprediger und Kanzelredner.

S. 29: Rainer Haak, Alles wird anders. Ich auch. Ein spiritueller Kompass in Zeiten der Veränderung, 2005, 95.

S. 30: Anselm Grün, 50 Engel für das Jahr, 1997; ders., Die Freude wird vollkommen sein, 2005, 89.
S. 32: Joseph Ratzinger/Benedikt XVI., Berührt vom Unsichtbaren, Sonderausgabe 2005, 383.
S. 34: Rainer Haak, Gute Wünsche zum Geburtstag, 2003, 49.
S. 35: Phil Bosmans, Mit allen guten Wünschen. Grußbotschaften für jeden Anlass, [2]2005, 23.
S. 36: Henri J. M. Nouwen, Leben hier und jetzt. Jahreslesebuch, Herder spektrum Taschenbuch, 2005, 23; 19.
S. 38: Sascha Veitl, ABC des Glücks. Der eigenen Seele Gutes tun, 2004, 20–21.
S. 40: Andrea Schwarz, Bleib dem Leben auf der Spur. Geschichten von unterwegs, 2005.
S. 42: Phil Bosmans, In dir liegt das Glück, 2004, 81.
S. 43: Albert Dexelmann, Teilt den großen Segen. Gebete und Segensworte für Gottesdienst und Seelsorge, 2005, 122f.
S. 48: Jesus Sirach 38,6.
S. 49: Joachim Wanke, Erinnerungen des Herzens, in: Margot Käßmann/Joachim Wanke (Hg.), Heute seine Stimme hören. Das Lukasevangelium als Jahresbegleiter, 2003, 120f.
S. 50: Huub Osterhuis, Ich steh vor dir. Meditationen, Gebete und Lieder, 2004, 125f. (nach Psalm 139).
S. 52: Phil Bosmans, Mit allen guten Wünschen. Grußbotschaften für jeden Anlass, [2]2005, 50.
S. 53: Ulrich Schaffer, Der Weg der Leichtigkeit, 2004, 5. © Ulrich Schaffer.
S. 54: Evelyn Arthur St. John Waugh (1903–1966).
S. 54: Leo Buscaglia (1924–1998), amerikanischer Erziehungswissenschaftler.

S. 54: Boris Leonidowitsch Pasternak (1890–1960).

S. 55: Andrea Schwarz, Ich mag Gänseblümchen. Unaufdringliche Gedanken, 2012.

S. 58: Brautbriefe Zelle 92 Dietrich Bonhoeffer · Maria von Wedemeyer 1943 – 1945. Hg. von Ruth-Alice von Bismarck und Ulrich Kabitz. Mit einem Nachwort von Eberhard Bethge, 56–57. © Verlag C. H. Beck München 1992.

S. 60: Anselm Grün, Der Himmel beginnt in dir. Das Wissen der Wüstenväter für heute, Herder spektrum Taschenbuch, 2012, 41.

S. 61: Anthony de Mello, 365 Geschichten, die gut tun. Weisheit für jeden Tag, 2006, 64.

S. 62: © Christa Spilling-Nöker, zit. nach: Ulrich Sander (Hg.), Für jeden leuchtet ein Stern, 2006, 120–122.

S. 64: Anselm Grün, Jeder Tag hat seinen Segen. Morgen- und Abendgebete für die sieben Tage der Woche, 98f.

S. 65: Friedrich Rückert (1788–1866).

S. 68: Joachim Wanke, Solange wir atmen, in: Margot Käßmann / Joachim Wanke, Heute seine Stimme hören. Das Lukasevangelium als Jahresbegleiter, 2003, 39.

S. 69: Thomas Romanus, Herzlichen Glückwunsch zum Geburtstag, 2003.

S. 70: Anselm Grün, 50 Engel für das Jahr, 1997.

S. 71: Johann Wolfgang von Goethe (1749–1832).

S. 72: Pierre Stutz, Der Stimme des Herzens folgen. Jahreslesebuch, 2005, 150.

S. 74: Zit. nach: Ulrich Sander (Hg.), Möge deine Zeit erfüllt sein von Freude. Worte die begleiten, 2005, 23.

S. 75: Margot Käßmann, Sehen, was ist, in: Margot Käßmann/Joachim Wanke, Bei uns alle Tage. Das Matthäusevangelium als Jahresbegleiter, 2004, 22.

S. 76: Anselm Grün, Die Freude wird vollkommen sein. Die Botschaft des Paulus an die Christen in Philippi, 2005, 101.

S. 77: Henri J. M. Nouwen, Leben hier und jetzt. Jahreslesebuch, Herder spektrum Taschenbuch, 2005, 19; 27.

S. 78: Anthony de Mello, 365 Geschichten, die gut tun. Weisheit für jeden Tag, 2006, 61.

S. 79: Rainer Haak, Zum Glück gehört die Leichtigkeit, 2004, 36.

S. 80: Antje S. Naegeli, Die Nacht ist voller Sterne. Gebete in dunklen Stunden, 2004, 50f.

S. 82: Peter Dyckhoff, Auf dem Weg in die Nachfolge Christi. Geistlich leben nach Thomas von Kempen, ^{8}2011, 88.

S. 83: Franz Kamphaus, Lichtblicke. Jahreslesebuch, 2002; 392; 394.

S. 84: Andrea Schwarz, Und jeden Tag mehr leben. Jahreslesebuch, Neuausgabe ^{2}2008, 70.

S. 86: Phil Bosmans/Ulrich Schütz, Jedes Herz braucht ein Zuhause, 2006, 45; Phil Bosmans, Mit allen guten Wünschen, ^{2}2005, 27.

S. 88: © Ulrike Wolitz, zit. nach: Ulrich Sander (Hg.), Begleitet von guten Mächten. Segensworte für ein ganzes Leben, Neuausgabe 2005, 97.

S. 89: Franz Kamphaus, Lichtblicke, Jahreslesebuch, 2001, 33.

S. 90: Anselm Grün, Die Freude wird vollkommen sein, 2005, 66.

Herausgegeben von Gundula Kühneweg

Überarbeitete Neuausgabe 2012
Bisheriger Titel: *Worte zum Geburtstag*

MIX
Papier aus verantwortungsvollen Quellen
FSC® C106847
FSC
www.fsc.org

www.herder.de

Einbandgestaltung und Vignetten:
Nina Chen
Innensatz:
Atelier Georg Lehmacher, Friedberg (Bay.)
Herstellung:
fgb · freiburger graphische betriebe
www.fgb.de

Printed in Germany
ISBN 978-3-451-32466-6